CHRISTELLE HUET-GOMEZ

KUCHEN STEHT KOPF

33 REZEPTE FÜR
UPSIDE DOWN CAKES

AUS DEM FRANZÖSISCHEN VON KAREN GERWIG

FOTOGRAFIE: AKIKO IDA

JAN THORBECKE VERLAG

INHALT

GRUNDLAGEN

DAS KULTREZEPT

Der Upside-Down-Cake mit Ananas und kandierten Kirschen war in den 1970er-Jahren ein Muss. Heute gibt es ihn in allen Geschmacksrichtungen, aber immer mit viel Obst und schön lockerem Boden.

DAS PRINZIP

Eine Backform mit Karamell oder Vollrohrzucker ausstreichen bzw. ausstreuen, den Boden mit den Früchten belegen, dann den Teig darübergießen. Nach dem Backen den Kuchen auf eine Servierplatte stürzen, so dass die Früchte oben sind.

DIE FRÜCHTE

Frische Früchte: waschen, gut abtrocknen und wenn nötig schälen.
Tiefkühlfrüchte: mindestens eine Stunde bei Zimmertemperatur in einem Sieb auftauen lassen oder über Nacht im Kühlschrank.
Eingemachte Früchte: gut abtropfen lassen.

ZUSAMMENSETZEN

Nachdem die Früchte in Stücke, Scheiben oder in Ringe geschnitten sind, sorgfältig und flach auf dem Boden der Backform verteilen, so dass kein Teig darunterfließen kann.

DAS KARAMELL

Man kann es fertig kaufen, aber selbstgemacht schmeckt es besser. Wenn die Form nicht antihaftbeschichtet ist, gut einfetten oder mit Backpapier auskleiden, bevor das Karamell hineingegeben wird. Für manche Rezepte wird eine Mischung aus Butter und Vollrohrzucker empfohlen: das ergibt eine leichtere Karamellnote als das flüssige Karamell.

BACKEN

Um zu prüfen, ob der Teig gar ist, mit dem Messer in die Mitte des Kuchens stechen. Die Messerklinge sollte trocken herauskommen. Wenn das nicht der Fall ist, den Kuchen weitere 5 Minuten backen.

NACH DEM BACKEN

Den Kuchen direkt nach dem Backen auf einen Teller oder eine Servierplatte stürzen, so löst er sich leichter aus der Form und die Oberfläche bleibt hübsch glatt.
Vor dem Servieren abkühlen lassen.

VON DEN ANTILLEN

Für 8 Personen
Vorbereitung: 20 min
Backzeit: 40 min
Backform mit 24 cm
Durchmesser

Für den Belag:
350 g Ananas, frisch und
   geschält oder aus der Dose
100 g Zucker

Für den Teig:
1 Vanilleschote
4 Eier
120 g Zucker
100 g flüssige Butter
150 g Mehl
1 Päckchen Backpulver
1 Prise Salz
1 TL Zimt
½ TL Muskat
2 EL Rum

Die Ananas, falls sie aus der Dose kommt, abtropfen lassen.

Den Ofen auf 180 °C vorheizen. 250 Gramm von der Ananas in Scheiben schneiden und 100 Gramm in kleine Stücke.

100 Gramm Zucker bei mittlerer Hitze in einem Topf erwärmen. Wenn er zu schmelzen beginnt, langsam rühren. Vom Feuer nehmen, sobald der Zucker leicht Farbe annimmt. In die Backform gießen und sofort die Ananasscheiben darauf verteilen.

Die Vanilleschote längs aufschneiden und das Mark herauskratzen. Die Eier mit dem Zucker schaumig schlagen. Das Mark der Vanilleschote und die flüssige Butter unterrühren. Mehl, Backpulver, Zimt, Muskat und Salz dazugeben und vorsichtig unterrühren. Die Ananasstücke und den Rum hinzugeben. Verrühren.

Den Teig auf die Früchte geben. 40 Minuten backen. Gleich nach dem Backen auf eine Servierplatte stürzen.

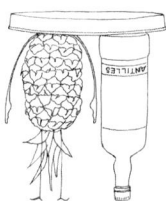

ANANAS-KOKOS

Für 8 Personen
Vorbereitung: 20 min
Backzeit: 40 min
Backform mit 24 cm
Durchmesser

Für den Belag:
350 g Ananas, frisch und
    geschält oder aus der Dose
20 g Butter
40 g Vollrohrzucker

Für den Teig:
4 Eier
150 g Zucker
100 g flüssige Butter
140 g Mehl
60 g Kokosraspel
1 Päckchen Backpulver
1 Prise Salz
10 cl Kokosmilch
2 EL Rum

Die Ananas, falls sie aus der Dose kommt, abtropfen lassen.

Den Ofen auf 180 °C vorheizen. Die Backform einfetten und mit dem Vollrohrzucker ausstreuen. Die Ananas in Scheiben und dann in Stücke schneiden. Schön flach in der Form verteilen.

Die Eier mit dem Zucker schaumig schlagen. Die flüssige Butter unterrühren. Mehl, Kokosraspel, Backpulver und Salz zugeben. Alles vorsichtig verrühren. Die Kokosmilch und den Rum zugeben, ebenfalls verrühren.

Den Teig über die Früchte geben. 40 Minuten backen. Nach dem Backen auf eine Servierplatte stürzen.

UPSIDE-DOWN-KUCHEN

ANANAS MIT KIRSCHEN

Für 8 Personen
Vorbereitung: 20 min
Backzeit: 40 min
Ringform mit 27 cm
Durchmesser

Für den Belag:
350 g Ananas, frisch und
    geschält oder aus der Dose
150 g kandierte Kirschen
20 g Butter
40 g Vollrohrzucker

Für den Teig:
4 Eier
125 g Zucker
100 g flüssige Butter
80 g Mehl
1 Päckchen Backpulver
1 Prise Salz
60 g gemahlene Mandeln
40 g Maisstärke

Die Ananas, falls sie aus der Dose kommt,
abtropfen lassen.

Den Ofen auf 180 °C vorheizen. Die Form einfetten
und mit dem Vollrohrzucker ausstreuen.

250 Gramm Ananas in Scheiben schneiden und
100 Gramm in Stücke. Die Scheiben und die
Kirschen am Boden der Form verteilen.

Die Eier mit dem Zucker schaumig schlagen.
Die flüssige Butter unterrühren. Mehl, gemahlene
Mandeln, Maisstärke, Backpulver und Salz hinzugeben. Vorsichtig unterrühren. Die Ananasstücke
ebenfalls unterheben.

Den Teig über die Früchte geben. 40 Minuten
backen. Sofort nach dem Backen auf eine
Servierplatte stürzen.

ANANAS
MIT WEISSER SCHOKOLADE

Für 6 Personen
Vorbereitung: 20 min
Backzeit: 15 min
Donutform

Für den Belag:

6 Scheiben Ananas,
   frisch oder aus der Dose
20 g Butter
30 g Vollrohrzucker

Für den Teig:

2 Eier
40 g Zucker
80 g weiße Schokolade
20 g Butter
90 g Mehl
1 TL Backpulver
1 Prise Salz

Für die Deko:

40 g weiße Schokolade

Die Ananas, falls sie aus der Dose kommt, abtropfen lassen.

Den Ofen auf 180 °C vorheizen. Die Vertiefungen der Donutform einfetten und mit dem Vollrohrzucker ausstreuen. In jede Vertiefung eine Scheibe Ananas legen.

Die Eier mit dem Zucker schaumig schlagen. Die Butter mit der weißen Schokolade schmelzen und hinzufügen. Mehl, Backpulver und Salz vorsichtig unterrühren.

Den Teig über die Früchte geben. 15 Minuten backen.

Nach dem Backen auf eine Servierplatte stürzen. Die weiße Schokolade schmelzen und die Kuchen damit bestreichen.

APFEL-ERDNUSS

Für 8 Personen
Vorbereitung: 25 min
Backzeit: 40 min
Backform mit 24 cm
Durchmesser

Für den Belag:
3 Äpfel
Zitronensaft
100 g Zucker

Für den Teig:
4 Eier
50 g Zucker
80 g flüssige Butter
150 g Erdnussbutter
150 g Mehl
1 Päckchen Backpulver
1 Prise Salz
2 EL Crème Fraîche

Den Ofen auf 180 °C vorheizen. Die Äpfel schälen, in Spalten schneiden und mit Zitronensaft beträufeln.

100 Gramm Zucker bei mittlerer Hitze in einem Topf erhitzen. Wenn er zu schmelzen beginnt, vorsichtig umrühren. Vom Feuer nehmen, sobald er anfängt, Farbe anzunehmen. In die Form gießen und sofort zwei Drittel der Apfelspalten flach darauf verteilen.

Die Eier mit dem Zucker schaumig schlagen. Die flüssige Butter und die Erdnussbutter zugeben, vermischen. Mehl, Backpulver und Salz zugeben. Vorsichtig einrühren. Nach und nach die Crème Fraîche und die restlichen Apfelspalten unterheben.

Den Teig über die Früchte geben. 40 Minuten backen. Nach dem Backen sofort auf eine Servierplatte stürzen.

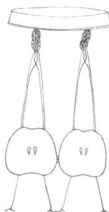

APFEL-NUSS

Für 8 Personen
Vorbereitung: 30 min
Backzeit: 40 min
Backform mit 24 cm
Durchmesser

Für den Belag:
3 Äpfel
Zitronensaft
50 g Haselnüsse
50 g Walnüsse
50 g Pekannüsse
100 g Zucker

Für den Teig:
4 Eier
120 g Zucker
100 g flüssige Butter
150 g Mehl Type 1050
1 Päckchen Backpulver
1 Prise Salz

Ahornsirup zum Servieren

Den Ofen auf 180 °C vorheizen. Die Äpfel als ganze schälen, ohne sie durchzuschneiden, und das Kerngehäuse entfernen. Zwei Äpfel in Ringe von ungefähr einem Zentimeter Stärke schneiden, den dritten raspeln. Alles mit Zitronensaft beträufeln. Die verschiedenen Nüsse 5 Minuten ohne Fett bei mittlerer Hitze in der Pfanne rösten.

100 Gramm Zucker bei mittlerer Hitze in einem Topf erhitzen. Wenn er zu schmelzen beginnt, vorsichtig umrühren. Vom Feuer nehmen, sobald er anfängt, Farbe anzunehmen. In die Backform gießen und sofort die Apfelscheiben und die gerösteten Nüsse darauf verteilen.

Die Eier mit dem Zucker schaumig schlagen. Die flüssige Butter einrühren. Mehl, Backpulver und Salz miteinander vermischen und vorsichtig einrühren. Den geraspelten Apfel unterrühren.

Den Teig auf die Früchte geben. 40 Minuten backen. Sofort nach dem Backen auf eine Servierplatte stürzen. Mit Ahornsirup servieren.

APFEL-MOHN

Für 8 Personen
Vorbereitung: 25 min
Backzeit: 40 min
Backform mit 24 cm
Durchmesser

Für den Belag:
3 Äpfel
Zitronensaft
100 g Zucker

Für den Teig:
4 Eier
120 g Zucker
1 Päckchen Vanillezucker
100 g flüssige Butter
140 g Mehl
30 g Mohn
1 Päckchen Backpulver
1 Prise Salz
Abrieb von einer Zitrone

Den Ofen auf 180 °C vorheizen. Die Äpfel waschen und schälen und das Kerngehäuse entfernen. Einen Apfel halbieren und dann in Scheiben schneiden, die beiden anderen grob raspeln. Alles mit Zitronensaft beträufeln.

100 Gramm Zucker bei mittlerer Hitze in einem Topf erhitzen. Wenn er zu schmelzen beginnt, vorsichtig umrühren. Vom Feuer nehmen, sobald er anfängt, Farbe anzunehmen. In die Backform gießen und sofort die Apfelscheiben darauf verteilen.

Die Eier mit dem Zucker und dem Vanillezucker schaumig schlagen. Die flüssige Butter einrühren. Mehl, Mohn, Backpulver und Salz mischen und unterheben. Die geriebenen Äpfel und den Zitronenabrieb dazugeben und vermischen.

Den Teig auf die Früchte geben. 40 Minuten backen. Nach dem Backen den Kuchen sofort auf eine Servierplatte stürzen.

BIRNE-LEBKUCHEN

Für 8 Personen
Vorbereitung: 30 min
Ruhen lassen: 1 h
Backzeit: 55 min
Kastenform 22 cm x 10 cm

Für den Belag:

2 Birnen
Zitronensaft
20 g Butter
30 g Vollrohrzucker

Für den Teig:

80 ml Milch
1 Gewürznelke
30 g Butter
180 g Honig
1 Ei
100 g Weizenmehl
100 g Roggenmehl
2 TL Viergewürz („Quatre
    Épices"), ersatzweise Piment
1 TL Zimt
½ Päckchen Backpulver
1 TL Natron
1 Prise Salz
20 g Muscovado Vollrohrzucker

Die Milch mit der Gewürznelke in einem Topf erhitzen, vom Feuer nehmen und 30 Minuten ziehen lassen.

In einem Topf Butter und Honig schmelzen. Das Ei unterrühren. Beide Mehlsorten, Gewürze, Backpulver, Natron, Salz und Muscovado mischen. Unter die Mischung rühren. Die Nelke entfernen und die Milch unter die Mischung rühren. Eine Stunde im Kühlschrank ruhen lassen.

Die Birnen schälen und das Kerngehäuse entfernen (Birnen aus der Dose gut abtropfen lassen). Die Birnen vierteln und mit dem Zitronensaft beträufeln. Die Backform mit der Butter einfetten und mit dem Vollrohrzucker ausstreuen. Die Birnenviertel in der Form verteilen.

Den Teig auf die Früchte geben und 55 Minuten backen. Nach dem Backen sofort auf eine Servierplatte stürzen.

BIRNE-SCHOKO

Für 8 Personen
Vorbereitung: 20 min
Backzeit: 40 min
Backform mit 24 cm
Durchmesser

Für den Belag:
2 Birnen, frisch oder
    aus der Dose
Zitronensaft
100 g Zucker

Für den Teig:
200 g Bitterschokolade
150 g mild gesalzene Butter
120 g Zucker
4 Eier
100 g Mehl
1 Päckchen Backpulver

Den Ofen auf 190 °C vorheizen. Die Birnen waschen und schälen, das Kerngehäuse entfernen (Birnen aus der Dose gut abtropfen lassen). In Lamellen schneiden und mit dem Zitronensaft beträufeln.

100 g Zucker bei mittlerer Hitze in einem Topf erhitzen. Wenn er zu schmelzen beginnt, vorsichtig rühren. Vom Feuer nehmen, sobald er anfängt, Farbe anzunehmen. Auf den Boden der Backform geben und sofort die Birnenscheiben darauf verteilen.

Die Bitterschokolade mit der Butter schmelzen. Den Zucker hinzufügen und verrühren. Die Eier eines nach dem anderen unter Rühren hinzugeben. Mehl und Backpulver unterheben.

Den Teig auf die Früchte geben. 35 Minuten backen. Den Kuchen sofort nach dem Backen auf eine Servierplatte stürzen.

BIRNE, HONIG UND HASELNÜSSE

Für 8 Personen
Vorbereitung: 25 min
Backzeit: 40 min
Backform mit 24 cm
Durchmesser

Für den Belag:
2 Birnen
Zitronensaft
50 g Haselnüsse
20 g Butter
30 g Vollrohrzucker

Für den Teig:
3 Eier
150 g flüssiger Honig
100 g flüssige Butter
150 g Mehl
40 g gemahlene Haselnüsse
1 Päckchen Backpulver
1 Prise Salz
100 ml Buttermilch

Den Ofen auf 180 °C vorheizen. Die Birnen schälen, das Kern-gehäuse entfernen (Birnen aus der Dose gut abtropfen lassen). Die Birnen in Viertel, dann in Scheiben schneiden und mit Zitro-nensaft beträufeln. Die Haselnüsse halbieren und ohne Fett in einer Pfanne ungefähr 5 Minuten bei mittlerer Hitze rösten.

Die Backform mit der Butter einfetten und mit Vollrohrzucker ausstreuen. Die Birnenviertel und die Nüsse darauf verteilen.

Die Eier mit dem Honig schaumig schlagen. Die flüssige Butter unterrühren. Mehl, gemahlene Haselnüsse, Backpulver und Salz mischen, dann vorsichtig einrühren. Die Buttermilch unterrühren.

Den Teig auf die Früchte geben. 40 Minuten backen. Den Kuchen sofort nach dem Backen auf eine Servierplatte stürzen.

ERDBEER-KOKOS

Für 8 Personen
Vorbereitung: 20 min
Backzeit: 40 min
Backform mit 24 cm
Durchmesser

Für den Belag:
400 g Erdbeeren
20 g Butter
30 g Vollrohrzucker

Für den Teig:
4 Eier
120 g Zucker
130 g flüssige Butter
90 g Mehl
60 g Kokosraspel
1 Päckchen Backpulver
1 Prise Salz

Für die Deko:
Püree aus roten Beeren
Kokosspäne

Den Ofen auf 180 °C vorheizen. Die Erdbeeren waschen, putzen und in Hälften schneiden. Die Backform mit der Butter einfetten und mit dem Vollrohrzucker ausstreuen. Die Erdbeeren mit der Schnittfläche nach unten darauf verteilen.

Die Eier mit dem Zucker schaumig schlagen. Die flüssige Butter unterrühren. Mehl, Kokosraspel, Backpulver und Salz vermischen und vorsichtig einrühren. Den Teig auf die Früchte geben. 40 Minuten backen.

Nach dem Backen sofort auf eine Servierplatte stürzen. Mit Beerenpüree und Kokosspänen garniert servieren.

HIMBEERE-PISTAZIE

Für 8 Personen
Vorbereitung: 20 min
Backzeit: 50 min
Backform mit 24 cm
Durchmesser

Für den Belag:
300 g Himbeeren (frisch oder
    Tiefkühlware)
50 g ungesalzene Pistazien
20 g Butter
30 g Vollrohrzucker

Für den Teig:
150 g Butter
100 g ungesalzene Pistazien
170 g Puderzucker
60 g Weizenmehl
50 g Buchweizenmehl
1 Prise Salz
5 Eiweiß

Die Himbeeren, falls sie gefroren sind, auftauen lassen. Den Ofen auf 180 °C vorheizen. Die Pistazien ohne Öl bei mittlerer Hitze in einer Pfanne 5 Minuten rösten. Die Backform mit der Butter einfetten und mit dem Vollrohrzucker ausstreuen. Die Himbeeren und Pistazien darauf verteilen.

Die Butter in einem Topf schmelzen lassen und erhitzen, bis sie eine nussige Farbe annimmt. Zur Seite stellen. Die Pistazien mahlen. Die gemahlenen Pistazien, den Puderzucker, die beiden Mehlsorten und das Salz mischen. Das Eiweiß leicht anschlagen und dazugeben. Die gebräunte Butter unterheben.

Den Teig auf die Früchte geben. 50 Minuten backen. Sofort nach dem Backen auf eine Servierplatte stürzen.

HIMBEERE-MANDEL

Für 8 Personen
Vorbereitung: 15 min
Backzeit: 40 min
Backform mit 24 cm
Durchmesser

Für den Belag:
250 g Himbeeren, frisch oder
   tiefgekühlt
20 g Butter
30 g Vollrohrzucker

Für den Teig:
4 Eier
110 g Zucker
100 g geschmolzene Butter
160 g Mehl
50 g gemahlene Mandeln
1 Päckchen Backpulver
1 Prise Salz
Abrieb von ½ Zitrone
100 ml Schlagsahne

Die Himbeeren auftauen lassen, falls sie gefroren sind. Den Ofen auf 180 °C vorheizen. Die Backform mit der Butter einfetten und mit dem Vollrohrzucker ausstreuen. Die Himbeeren darauf verteilen.

Die Eier mit dem Zucker schaumig schlagen. Die flüssige Butter unterrühren. Mehl, gemahlene Mandeln, Backpulver und Salz mischen und vorsichtig unter die Masse heben. Den Abrieb der Zitrone und die Sahne dazugeben und verrühren.

Den Teig auf die Früchte geben. 40 Minuten backen. Den Kuchen sofort nach dem Backen auf eine Servierplatte stürzen.

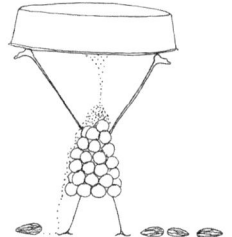

HEIDELBEEREN

Für 6 Personen
Vorbereitung: 15 min
Backzeit: 25 min
Muffinformen mit 6 cm
Durchmesser

Für den Belag:
200 g Heidelbeeren
20 g Butter
30 g Vollrohrzucker

Für den Teig:
1 Vanilleschote
2 Eier
60 g Zucker
Abrieb von 1 unbehandelten
    Zitrone
60 g flüssige Butter
90 g Mehl
1 TL Backpulver
1 Prise Salz
2 EL Sahne

Für die Deko:
flüssiger Honig
geschlagene Sahne

Den Ofen auf 180 °C vorheizen. Die Muffinformen mit der Butter einfetten und mit Vollrohrzucker ausstreuen. Die Heidelbeeren in den Formen verteilen.

Die Vanilleschote längs aufschneiden und das Mark herauskratzen. Die Eier mit dem Zucker schaumig schlagen. Das Vanillemark, den Zitronenabrieb und die flüssige Butter unterrühren. Mehl, Backpulver und Salz mischen und vorsichtig unter die Mischung heben. Die Sahne unterrühren.

Den Teig auf die Früchte geben. 25 Minuten backen.

Sofort nach dem Backen auf eine Servierplatte stürzen. Mit flüssigem Honig und Schlagsahne servieren.

SOMMERBEEREN

Für 8 Personen
Vorbereitung: 20 min
Backzeit: 40 min
Backform mit 24 cm
Durchmesser

Für den Belag:
60 g Himbeeren
60 g frische Brombeeren
60 g Johannisbeeren
60 g Heidelbeeren
20 g Butter
30 g Vollrohrzucker

Für den Teig:
4 Eier
125 g Zucker
80 g flüssige Butter
150 g Mehl
1 Päckchen Backpulver
140 g Frischkäse
    (z. B. Philadelphia)

Für die Schlagsahne:
200 ml gut gekühlte
    Schlagsahne
20 g Zucker

Die Beeren auftauen lassen, falls sie gefroren sind. Den Ofen auf 180 °C vorheizen. Die Backform mit der Butter einfetten und mit dem Vollrohrzucker ausstreuen. Die Beeren darauf verteilen.

Die Eier mit dem Zucker schaumig schlagen. Die flüssige Butter unterrühren. Mehl und Backpulver mischen und vorsichtig unter die Mischung heben. Den Frischkäse unterrühren.

Den Teig auf die Beeren geben. 40 Minuten backen. Sofort nach dem Backen auf eine Servierplatte stürzen.

Die Sahne bei mittlerer Geschwindigkeit 10 Minuten schlagen, bis sie anfängt, steif zu werden. Den Zucker zugeben und noch einmal 30 Sekunden schlagen. Den Kuchen mit der Schlagsahne servieren.

BLUTORANGE

Für 8 Personen
Vorbereitung: 25 min
Koch- und Backzeit:
1 h + 45 min
Backform mit 24 cm
Durchmesser

Für den Belag:
1 Orange
3 Blutorangen, unbehandelt
30 g Zucker
20 g Butter

Für den Teig:
4 Eier
125 g Vollrohrzucker
150 g geschmolzene Butter
75 g Mehl
75 g Vollkornmehl
1 Päckchen Backpulver
2 TL gemahlener Ingwer
Abrieb von 2 unbehandelten
    Orangen
1 Prise Salz
1 Becher Naturjoghurt (150 g)

Die Orange auspressen und den Saft mit dem Zucker aufkochen. Die Blutorangen waschen und mit der Schale in sehr feine Scheiben schneiden. Wenn sich der Zucker ganz aufgelöst hat, die Blutorangenscheiben in den Sirup legen und eine Stunde bei schwacher Hitze ziehen lassen. Abgießen, den Saft dabei auffangen und vorhalten. Die Backform mit der Butter einfetten und den Boden mit den Orangenscheiben auslegen.

Die Eier mit dem Zucker schaumig schlagen. Die flüssige Butter unterrühren. Die beiden Mehlsorten, das Backpulver, das Ingwerpulver, den Orangenabrieb und das Salz mischen und vorsichtig einrühren. Den Joghurt einrühren.

Den Teig auf die Früchte geben. 45 Minuten backen. Sofort nach dem Backen auf eine Servierplatte stürzen. Mit dem Orangensirup übergießen oder ihn getrennt servieren.

OHNE BUTTER UND GLUTEN

Für 8 Personen
Vorbereitung: 20 min
Koch- und Backzeit:
2 h + 45 min
Backform mit 24 cm
Durchmesser

Für den Belag:
4 Orangen, unbehandelt
100 g Zucker

Für den Teig:
5 Eier
200 g Zucker
225 g gemahlene Mandeln
½ Päckchen Backpulver
1 TL Zimt
1 Prise Salz

Die Orangen waschen. Zwei davon in einen Topf mit Wasser legen. Abdecken und bei niedriger Hitze zwei Stunden kochen lassen. Abgießen und die Orangen halbieren, um die Kerne zu entfernen. Die Orangen mit der Schale pürieren.

Den Ofen auf 170 °C vorheizen. Die zwei restlichen Orangen mit der Schale in feine Scheiben schneiden. 100 Gramm Zucker bei mittlerer Hitze in einem Topf erhitzen. Wenn er zu schmelzen beginnt, vorsichtig umrühren. Vom Feuer nehmen, wenn er Farbe anzunehmen beginnt. Den Karamell in die Form gießen und sofort die Orangenscheiben darauf verteilen.

Die Eier mit dem Zucker schaumig schlagen. Mandeln, Back-pulver, Zimt und Salz mischen. Vorsichtig einrühren. Die pürierten Orangen unterrühren.

Den Teig auf die Früchte geben. 45 Minuten backen. Den Kuchen sofort nach dem Backen auf eine Servierplatte stürzen.

ZITRUSFRÜCHTE

Für 8 Personen
Vorbereitung: 20 min
Koch- und Backzeit:
1 h + 50 min
Backform mit 24 cm
Durchmesser

Für den Belag:
1 Orange, unbehandelt
1 Grapefruit, unbehandelt
1 Zitrone, unbehandelt
1 Limette
100 ml Wasser
100 g Zucker

Für den Teig:
4 Eier
100 g Zucker
50 g flüssiger Honig
175 g geschmolzene Butter
125 g Mehl
50 g gemahlene Mandeln
1 Päckchen Backpulver
1 Prise Salz
Abrieb von 1 unbehandelten
   Orange
Abrieb von 1 unbehandelten
   Zitrone
3 EL Orangenblütenwasser

Das Wasser mit dem Zucker aufkochen. Die Früchte waschen und mit der Schale in feine Scheiben schneiden. Wenn sich der Zucker vollständig aufgelöst hat, eine Grapefruit-Scheibe und alle anderen Zitrusfrüchte in den Topf geben und bei schwacher Hitze eine Stunde köcheln lassen. Abgießen. Die Fruchtscheiben in die Backform legen.

Den Ofen auf 180 °C vorheizen. Die Eier mit dem Zucker schaumig schlagen. Den Honig und die flüssige Butter nach und nach unterrühren. Mehl, Mandeln, Backpulver, Salz und den Orangen- und Zitronenabrieb vermischen und vorsichtig einrühren. Das Orangenblütenwasser und das in Stücke geschnittene Fruchtfleisch der restlichen Grapefruit untermischen.

Den Teig auf die Früchte geben. 50 Minuten backen. Den Teig sofort nach dem Backen auf eine Servierplatte stürzen.

CLEMENTINEN

Für 6 Personen
Vorbereitung: 25 min
Backzeit: 20 min
Muffinformen mit 6 cm
Durchmesser

Für den Belag:
3 Clementinen
20 g Butter
30 g Vollrohrzucker

Für den Teig:
2 Eier
75 g Zucker
60 g geschmolzene Butter
60 g Mehl
10 g ungesüßtes Kakaopulver
½ Päckchen Backpulver
1 Prise Salz

Für die Clementinensauce:
3 Clementinen
20 g Zucker

Den Ofen auf 180 °C vorheizen. Die Muffinformen mit der Butter einfetten und mit Vollrohrzucker ausstreuen. Die Clementinen schälen und quer halbieren. In jede Form eine halbe Clementine mit der Schnittfläche nach unten legen.

Die Eier mit dem Zucker schaumig schlagen. Die flüssige Butter unterrühren. Mehl, Kakao, Backpulver und Salz mischen und vorsichtig einrühren. Den Teig auf die Früchte geben. 20 Minuten backen. Den Kuchen sofort nach dem Backen auf eine Servierplatte stürzen.

3 Clementinen schälen und pürieren. Den Saft abseihen und mit dem Zucker in einen Topf geben. Kurz aufkochen lassen. Die Muffins mit dieser Sauce bestreichen und servieren.

RHABARBER

Für 8 Personen
Vorbereitung: 20 min
Ruhezeit: 6 h
Backzeit: 40 min
Backform quadratisch
(20 x 20 cm) oder rund
(Durchmesser 24 cm)

Für den Belag:
300 g Rhabarber
50 g Zucker
20 g Butter

Für den Teig:
4 Eier
150 g Zucker
120 g geschmolzene Butter
100 g Mehl
50 g gemahlene Mandeln
1 Päckchen Backpulver
1 Prise Salz
2 EL Rosenwasser

Den Rhabarber waschen und schälen. In Stücke von der Länge der Backform schneiden. Alle Stücke längs halbieren. Den Rhabarber über einer Schüssel in ein Sieb geben und mit Zucker bedecken. Über Nacht (mindestens 6 Stunden) Saft ziehen lassen.

Die Backform mit der Butter einfetten und den abgetropften Rhabarber hineinlegen. Den Ofen auf 180 °C vorheizen.

Die Eier mit dem Zucker schaumig schlagen. Die flüssige Butter unterrühren. Mehl, gemahlene Mandeln, Backpulver und Salz mischen und vorsichtig unterrühren. Dann das Rosenwasser hinzugeben.

Den Teig über die Früchte geben. 40 Minuten backen. Den Kuchen sofort nach dem Backen auf eine Servierplatte stürzen.

SCHOKO-HASELNUSS

Für 8 Personen
Vorbereitung: 35 min
Backzeit: 35 min
Backform mit 24 cm
Durchmesser

Für den Belag:
150 g ganze Haselnüsse
100 g Zucker

Für den Teig:
200 g Bitterschokolade
180 g mild gesalzene Butter
150 g Zucker
5 Eier
60 g Mehl
40 g Krokant
½ Päckchen Backpulver

Den Ofen auf 180 °C vorheizen. Die Haselnüsse halbieren und ohne Fett bei mittlerer Hitze in der Pfanne ungefähr 5 Minuten rösten.

100 Gramm Zucker bei mittlerer Hitze in einem Topf erhitzen. Wenn er zu schmelzen beginnt, vorsichtig umrühren. Vom Feuer nehmen, sobald er Farbe anzunehmen beginnt. In die Backform geben und sofort die Nüsse mit der Schnittfläche nach unten darauf verteilen.

Die Schokolade mit der Butter schmelzen. Den Zucker unterrühren. Nach und nach die Eier einrühren. Dann das Mehl, den Krokant und das Backpulver.

Den Teig auf die Nüsse geben. 35 Minuten backen. Sofort nach dem Backen auf eine Servierplatte stürzen.

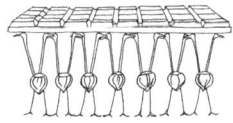

APRIKOSE-KARAMELL

Für 8 Personen
Vorbereitung: 20 min
Backzeit: 40 min
Backform quadratisch
(20 x 20 cm) oder rund
(Durchmesser 24 cm)

Für den Belag:
8 frische Aprikosen oder
   16 Aprikosenhälften aus
   der Dose
100 g Zucker

Für den Teig:
3 Eier
25 g Zucker
75 g Karamellsirup
100 g geschmolzene Butter
150 g Mehl
40 g gemahlene Mandeln
1 Päckchen Backpulver
1 Prise Salz
1 Becher Naturjoghurt (150 g)

Den Ofen auf 180 °C vorheizen. Die Aprikosen waschen, halbieren und entsteinen (Früchte aus der Dose gut abtropfen lassen).

100 Gramm Zucker bei mittlerer Hitze in einem Topf erhitzen. Wenn er zu schmelzen beginnt, vorsichtig rühren. Vom Feuer nehmen, sobald er Farbe anzunehmen beginnt. Den Karamell in die Backform geben und sofort die Aprikosen mit der Schnittfläche nach unten darauf verteilen.

Die Eier mit dem Zucker schaumig schlagen. Nach und nach den Karamellsirup und die geschmolzene Butter unterrühren. Mehl, Mandeln, Backpulver und Salz mischen. Vorsichtig unterheben. Den Joghurt unterrühren.

Den Teig auf die Früchte geben. 40 Minuten backen. Sofort nach dem Backen auf eine Servierplatte stürzen.

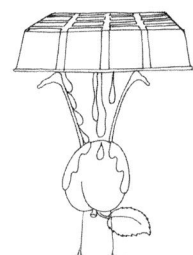

APRIKOSE-KIRSCH

Für 8 Personen
Vorbereitung: 20 min
Backzeit: 40 min
Backform mit 24 cm
Durchmesser

Für den Belag:
5-6 frische Aprikosen oder
    10-12 Aprikosenhälften aus
    der Dose
200 g Kirschen, frisch oder
    Tiefkühlware
20 g Butter
30 g Vollrohrzucker

Für den Teig:
4 Eier
130 g Zucker
100 g geschmolzene Butter
150 g Mehl
1 Päckchen Backpulver
2 TL Zimt
1 Prise Salz

Die Kirschen auftauen lassen, falls sie gefroren sind, und die Aprikosen gut abtropfen lassen, wenn sie aus der Dose kommen. Den Ofen auf 180 °C vorheizen. Die Backform einfetten und mit dem Vollrohrzucker ausstreuen. Frische Früchte waschen, halbieren und entkernen. Mit der Schnittfläche nach unten in der Form verteilen.

Die Eier mit dem Zucker schaumig schlagen. Die flüssige Butter unterrühren. Mehl, Backpulver, Zimt und Salz mischen und vorsichtig unterrühren.

Den Teig auf die Früchte geben. 40 Minuten backen. Sofort nach dem Backen den Kuchen auf eine Servierplatte stürzen.

FEIGE-PEKANNUSS

Für 8 Personen
Vorbereitung: 20 min
Backzeit: 40 min
Backform mit 35 cm
Durchmesser

Für den Belag:
400 g frische Feigen
20 g Butter
30 g Vollrohrzucker

Für den Teig:
3 Eier
150 g Zucker
100 g geschmolzene Butter
75 g Pekannüsse
150 g Mehl
1 Päckchen Backpulver
1 TL Zimt
1 Prise Salz
100 ml Schlagsahne

Den Ofen auf 180 °C vorheizen. Die Backform einfetten und mit dem Vollrohrzucker ausstreuen. Die Feigen waschen, halbieren und mit der Schnittfläche nach unten in die Form legen.

Die Eier mit dem Zucker schaumig schlagen. Die flüssige Butter einrühren. Die Pekannüsse mahlen. Pekannüsse, Mehl, Backpulver, Zimt und Salz mischen und vorsichtig unterrühren. Dann die Sahne unterheben.

Den Teig auf die Früchte geben. 40 Minuten backen. Sofort nach dem Backen auf eine Servierplatte stürzen.

MANGO-KOKOS

Für 8 Personen
Vorbereitung: 20 min
Backzeit: 50 min
Backform mit 24 cm
Durchmesser

Für den Belag:

2 Mangos, frisch oder
   Tiefkühlware
20 g Butter
30 g Vollrohrzucker

Für den Teig:

1 Vanilleschote
3 Eier
125 g Zucker
100 g geschmolzene Butter
150 g Mehl
60 g Kokosflocken
1 Päckchen Backpulver
1 Prise Salz
1 Becher griechischer Joghurt
   (150 g)

Für die Deko:

Saft und Kerne von 2 Maracujas

Die Mangos auftauen lassen, falls sie gefroren sind. Den Ofen auf 180 °C vorheizen. Die Backform mit der Butter einfetten und mit dem Vollrohrzucker ausstreuen. Die Mangos schälen, eine davon in Lamellen, die andere in Stücke schneiden. Die Lamellen auf dem Boden der Backform verteilen.

Die Vanilleschote längs aufschneiden und das Mark herauskratzen. Die Eier mit dem Zucker schaumig schlagen. Das Vanillemark zugeben und weiterschlagen. Dann die flüssige Butter unterrühren. Mehl, Kokosflocken, Backpulver und Salz mischen und vorsichtig unterrühren. Die Mangostücke und den griechischen Joghurt dazugeben und unterrühren.

Den Teig auf die Früchte geben. 50 Minuten backen. Sofort nach dem Backen auf eine Servierplatte stürzen. Mit dem Saft der Maracuja bestreichen und die Kerne darüberstreuen.

UPSIDE-DOWN-MUFFINS
MIRABELLE

Für 6 Personen
Vorbereitung: 25 min
Ruhen lassen: 30 min
Backzeit: 15 min
Muffinformen mit 6 cm
Durchmesser

Für den Belag:
250 g Mirabellen, frisch oder
    Tiefkühlware
20 g Butter
30 g Vollrohrzucker

Für den Teig:
1 Handvoll Blätter der
    Zitronenverbene
50 ml Milch
1 Ei
60 g Zucker
60 g flüssige Butter
100 g Mehl
1 TL Backpulver
1 Prise Salz

Für die Deko:
Puderzucker

Die Mirabellen auftauen lassen, falls sie gefroren sind. Die Verbenenblätter mit der Milch in einem Topf aufkochen, vom Feuer nehmen und 30 Minuten ziehen lassen.

Den Ofen auf 190 °C vorheizen. Die Muffinformen mit der Butter einfetten und mit dem Vollrohrzucker ausstreuen. Die Mirabellen waschen, halbieren und entkernen. Mit der Schnittfläche nach unten in den Formen verteilen.

Das Ei mit dem Zucker schaumig schlagen. Die flüssige Butter einrühren. Mehl, Backpulver und Salz mischen und vorsichtig unterheben. Die Milch abseihen und ohne die Verbenenblätter einrühren.

Den Teig auf die Früchte geben. 15 Minuten backen. Sofort nach dem Backen die Muffins auf eine Servierplatte stürzen und nach dem Abkühlen mit Puderzucker bestäuben.

BANANE-PEKANNUSS

Für 8 Personen
Vorbereitung: 25 min
Backzeit: 45 min
Backform: rechteckig
(26 cm x 16 cm) oder rund
(Durchmesser 24 cm)

Für den Belag:
4 Bananen
125 g Pekannüsse
20 g Butter
30 g Vollrohrzucker

Für den Teig:
3 Eier
125 g Vollrohrzucker
110 g geschmolzene Butter
180 g Mehl
1 Päckchen Backpulver
2 TL Zimt
1 Prise Salz
1 Becher griechischer Joghurt
   (150 g)

Den Ofen auf 180 °C vorheizen. Die Backform mit der Butter einfetten und mit Vollrohrzucker ausstäuben. Die Bananen schälen. Drei davon längs halbieren und sie mit der Schnittfläche nach unten in die Form legen. Die Pekannüsse in einer Pfanne bei mittlerer Hitze ungefähr 5 Minuten rösten und in der Backform verteilen.

Die Eier mit dem Vollrohrzucker schlagen. Die flüssige Butter und die zerdrückte restliche Banane unterrühren. Mehl, Backpulver, Zimt und Salz mischen und vorsichtig unterrühren. Dann den griechischen Joghurt hinzufügen.

Den Teig auf die Früchte geben. 45 Minuten backen. Sofort nach dem Backen auf eine Servierplatte stürzen.

BANANE-SCHOKO

Für 8 Personen
Vorbereitung: 20 min
Backzeit: 35 min
Backform mit 24 cm
Durchmesser

Für den Belag:
3 Bananen
20 g Butter
30 g Vollrohrzucker

Für den Teig:
200 g Bitterschokolade
190 g mild gesalzene Butter
160 g Zucker
5 Eier
60 g Mehl
½ Päckchen Backpulver

Den Ofen auf 190 °C vorheizen. Die Backform mit der Butter einfetten und mit dem Vollrohrzucker ausstreuen. Die Bananen schälen, in 2 Zentimeter dicke Scheiben schneiden und in der Backform verteilen.

Die Schokolade mit der Butter schmelzen. Den Zucker einrühren. Die Eier eines nach dem anderen einrühren. Mehl und Backpulver ebenfalls unterheben.

Den Teig auf den Bananen verteilen. 35 Minuten backen. Nach dem Backen sofort auf eine Servierplatte stürzen.

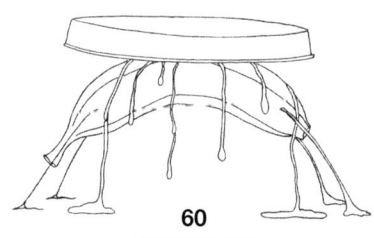

PFIRSICH-BROMBEERE

Für 8 Personen
Vorbereitung: 20 min
Backzeit: 50 min
Backform mit 24 cm
Durchmesser

Für den Belag:

3 Pfirsiche, frisch oder aus
    der Dose
125 g Brombeeren, frisch
    oder Tiefkühlware
20 g Butter
30 g Vollrohrzucker

Für den Teig:

4 Eier
115 g Zucker
1 Päckchen Vanillezucker
110 g flüssige Butter
180 g Mehl
1 Päckchen Backpulver
1 Prise Salz
50 ml Schlagsahne

Die Brombeeren, falls sie gefroren sind, auftauen lassen, und die Pfirsiche, falls sie aus der Dose sind, gut abtropfen lassen. Den Ofen auf 180 °C vorheizen. Die Backform mit der Butter einfetten und mit dem Vollrohrzucker ausstreuen. Die Früchte waschen. Die Pfirsiche schälen, entkernen und in Spalten schneiden. Zusammen mit den Brombeeren in der Form verteilen.

Die Eier mit dem Zucker und dem Vanillezucker schaumig schlagen. Die flüssige Butter einrühren. Mehl, Backpulver und Salz mischen und vorsichtig unterrühren. Die Sahne ebenfalls einrühren.

Den Teig auf die Früchte geben. 50 Minuten backen. Nach dem Backen den Kuchen sofort auf eine Servierplatte stürzen.

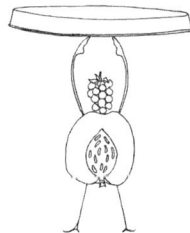

ANANAS-KARAMELLKEKS

Für 8 Personen
Vorbereitung: 20 min
Backzeit: 1 h 10 min
Backform mit 24 cm
Durchmesser

Für den Belag:

250 g Ananas, frisch und
    geschält oder aus der Dose
160 g Karamellkekse
    (z. B. Lotus)
50 g geschmolzene Butter

Für die Creme:

350 g Frischkäse
    (z. B. Philadelphia)
350 g Quark (40 %)
1 Vanilleschote
3 Eier
115 g Zucker

Den Ofen auf 170 °C vorheizen. Die Ananas schälen, das Herz ausstechen und die Ananas in Scheiben schneiden (oder gut abtropfen lassen, wenn sie aus der Dose kommt). Die Ananas-scheiben auf dem Boden der Backform verteilen. Mit dem Pürierstab die Karamellkekse mit der flüssigen Butter vermischen. Die Mischung auf den Ananasscheiben verteilen. Mit der Rück-seite eines Löffels andrücken.

Den Frischkäse mit dem Quark schlagen. Die Vanilleschote längs aufschneiden und das Mark herauskratzen. Nach und nach das Vanillemark, die Eier und den Zucker zur Quarkmasse geben, zwischendurch weiterrühren.

Die Masse in die Form gießen. 1 Stunde 10 Minuten backen. Sofort nach dem Backen den Kuchen auf eine Servierplatte stürzen.

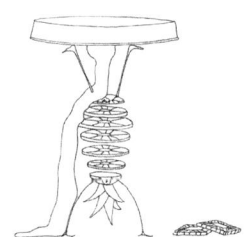

UPSIDE-DOWN-CHEESECAKE
OREO

Für 8 Personen
Vorbereitung: 15 min
Ruhen lassen: über Nacht
Backform mit 22 cm
Durchmesser

Für den Belag:
175 g Oreo®-Kekse

Für die Creme:
500 g Frischkäse
   (z. B. Philadelphia)
100 g Zucker
1 Vanilleschote
300 ml Schlagsahne

Die Kekse flach auf dem Boden der Form verteilen. Den Frischkäse mit dem Zucker bei mittlerer Geschwindigkeit schlagen. Die Vanilleschote längs aufschneiden und das Mark herauskratzen. Das Mark unter Rühren zum Frischkäse geben. Die Sahne hinzugeben und noch einmal 10 Minuten bei mittlerer Geschwindigkeit schlagen.

Die Masse auf die Kekse geben. Über Nacht (mindestens 6 Stunden) in den Kühlschrank stellen. Auf eine Servierplatte stürzen.

UPSIDE-DOWN-CHEESECAKE
ZITRONE

Für 8 Personen
Vorbereitung: 20 min
Koch- und Backzeit:
1 h + 1 h 10 min
Backform mit 24 cm
Durchmesser

Für den Belag:
3 Zitronen
50 ml Wasser
50 g Zucker

Für die Creme:
300 g Frischkäse
   (z. B. Philadelphia)
300 g Quark
Abrieb von 2 unbehandelten
   Zitronen
3 Eier
100 g Zucker

Das Wasser mit dem Zucker in einem Topf aufkochen. Die Zitronen waschen und in feine Scheiben schneiden. Wenn sich der Zucker vollständig
aufgelöst hat, die Zitronenscheiben in den Topf
geben und bei niedriger Hitze 1 Stunde köcheln
lassen. Den Sirup abgießen.

Die kandierten Zitronenscheiben in die Form legen.
Den Ofen auf 170 °C vorheizen. Den Frischkäse
mit dem Quark schlagen. Den Zitronenabrieb,
die Eier und den Zucker nach und nach zugeben
und zwischendurch weiterschlagen.

Die Masse in die Form geben. 1 Stunde 10 Minuten
backen. Sofort nach dem Backen auf eine Servierplatte stürzen.

SOMMERBEEREN

Für 8 Personen
Vorbereitung: 20 min
Ruhen lassen: über Nacht
Backform mit 24 cm
Durchmesser

Die Früchte:
100 g Himbeeren
100 g Brombeeren
60 g Johannisbeeren
100 g Heidelbeeren
150 g Erdbeeren

Für die Creme:
500 g Frischkäse
   (z. B. Philadelphia)
100 g Zucker
Abrieb von 1 unbehandelten
   Zitrone
300 ml Sahne

Für den Boden:
200 g Butterkekse
80 g geschmolzene Butter

Die Früchte waschen und in der Form verteilen.

Den Frischkäse auf mittlerer Stufe mit dem Zucker schlagen. Den Zitronenabrieb und die Sahne hinzugeben, dann weitere 10 Minuten schlagen. Die Masse über die Früchte in der Form geben. Über Nacht (mindestens 6 Stunden) in den Kühlschrank stellen.

Die Kekse zerkleinern und mit dem Pürierstab mit der flüssigen Butter mischen. Auf der Cheesecake-Masse verteilen und mit dem Rücken eines Löffels andrücken. Den Kuchen auf eine Servierplatte stürzen.

DANKE

Danke an meine drei lieben Töchter

Danke an Akiko und Christine, es ist immer wieder ein Vergnügen, mit Euch zu arbeiten!

Danke an Pauline für ihre wertvollen Ratschläge

VERLAGSGRUPPE PATMOS

PATMOS
ESCHBACH
GRÜNEWALD
THORBECKE
SCHWABEN

Die Verlagsgruppe
mit Sinn für das Leben

Aus dem Französischen von Karen Gerwig
© der deutschen Übersetzung 2017 Jan Thorbecke Verlag,
ein Unternehmen der Verlagsgruppe Patmos
in der Schwabenverlag AG, Ostfildern
www.thorbecke.de

© der französischen Originalausgabe unter dem Titel:
Gateaux Renversés: Hachette Livre (Marabout) 2016

Fotografie: Akiko Ida
Foodstyling: Christine Legeret
Illustrationen: Jane Teasdale
Satz : Schwabenverlag AG, Ostfildern
Gedruckt in China
ISBN 978-3-7995-1199-5 (Print)
ISBN 978-3-7995-1239-8 (eBook)